말라는 말

시에시선 **086**

말라는 말

박은정 시집

詩와에세이

시인의 말

바람 빠진 축구공처럼 찌그러져 있다가도
고약한 말만 들으면 날개가 필요했다

꼬리처럼 늘어진 말을 주머니에 집어넣을 때마다
그것의 밑바탕은 사랑이고, 아끼는 마음이란 걸 알면서도
생살을 찢는 몸부림으로
용수철처럼 튕겨 올라 하늘을 날았다

날개를 품고 살아온 길,
꿈의 날개를 길어 올리다가
시 꽃을 피웠다

몸부림이었다

2024년 가을
박은정

차례__

시인의 말 · 05

제1부

나팔꽃 · 13
슬픈 자리 · 14
눈물을 먹고 자란다 · 16
어머니 · 18
여름날 · 19
꽃비 · 20
촛불 맨드라미 · 21
재봉틀 · 22
시어머니와 미역국 · 23
풀꽃 · 24
얼굴 · 25
가을 이야기 · 26
아버지 · 27
조화(造花) · 28
별 · 29
노을 · 30

제2부

가을의 문턱에서 · 33
어리석게도 · 34
거울 앞에서 · 35
기다림 · 36
모란꽃 · 37
비워내기 · 38
매미 소리 · 39
하루 · 40
삶 · 41
빈자리 · 42
홀씨 · 43
꽃 · 44
낯선 여자 · 45
커피 한 잔 · 46
이끼 · 47
첫눈 · 48
담배 연기 · 49

제3부

바람 · 53
괜찮아 · 54
부부 · 55
말라는 말 · 56
친구 · 57
그대의 벽 · 58
화해 · 59
장미 · 60
여자 · 61
빈혈 · 62
들꽃 · 63
꽃길 부고 · 64
꼬리 · 65
그 사내 · 66
훈련소 가는 길 · 68
변화 · 69
12월 · 70
그대와 나 · 71

제4부

길을 잃고 섰을 때 · 75
커피를 마시다 · 76
플라타너스 · 77
그대의 그릇 · 78
편지 · 79
거리 두기 · 80
밥은 먹었니 · 81
수채화 · 82
코스모스 · 83
향기를 깎았지 · 84
새치 · 86
곱슬 머리카락 · 87
물웅덩이 · 88
다이어트 · 89
이별을 말하다 · 90
이팝나무 · 91
이별 · 92

해설 | 안현심 · 93

제1부

나팔꽃

어머니는 햇살을 등에 지고
눈물로 꽃씨를 뿌렸다

담장 너머 세상은
하늘을 향해 열렸고
마당귀 감나무는 높아만 갔다

별이 빛나는 밤이면
닿을 수 없는 하늘을 향해
꽃씨를 피우던 날들

외딴방 창문을 열면
고단한 등을 타고
하늘 가득 피어오르는 나팔꽃

슬픈 자리

구멍 하나가 생겼다
처음엔 막혀 있던 공간
태어나고 죽어가는 길목의 경계처럼
햇살이 찾아오고
바람은 이쪽과 저쪽을 건너간다
크기를 가늠할 수 없는 구멍은
그 자리에 서 있기만 했을 뿐
눈과 눈 사이의 거리에서
자식을 두고 떠나는 어머니의 슬픔이
가시가 되어 박힌 자리다
도에서 솔로 넘어가는 음표같이
한번 생긴 구멍은 아물어도 소리를 낸다
산소 앞에서 나를 붙잡는 별의 침묵처럼

바람도 머문 자리
더 이상 슬픔은 가늠할 수 없는 거였구나

이제 그만,

슬퍼하자고 빗장을 채운다

눈물을 먹고 자란다

어머니가 저고리에서 눈물을 꺼내 훔칠 때마다
내 등에서 두드러기가 솟았다

가려운 등이 낙엽처럼 부스러질 때면
밤의 침묵에 기대어 고약한 약을 삼키고 누웠다

한여름에 솜이불을 덮어도
몰려오는 한기로 온몸이 오그라들고

별 하나 끄집어내는 동안
살점은 스프링처럼 튕겨 오르고
눌러도 사그라들지 않는 불안을 잠재우려 하지만
거울 속으로 따라오는 어머니의 눈물

눈물은 기쁨과 슬픔 부끄러움을
덜어내기 위해 애쓰는 변명 같은 것이었다

치맛자락을 꽉 잡은 어린 손이

휘어진 척추를 눌러 폈다

어머니

밭고랑을 돌아서오면
끝도 없는 그늘이 있다

먼발치에서 나를 알아보고
수건 동여매고 달려오시는 어머니
한나절 땀에 절인 등짝엔
서늘한 그늘이 숨어 있다

마른 가지처럼 구부러진 등엔
자식을 편히 쉴 그늘 드리우고
동구나무로 서 계셨다

어머니 땡볕 밭고랑에 호미 들고
그늘을 일구신다

그늘은 밭고랑을 타고
나에게 온다

여름날

초록이 짙어지는 들녘을 달려서
마중 나온 햇살이 문지방을 넘는다

밀가루를 덮어쓴 어머니
칼국수 면발이 늘어날수록
어둠은 짧아지고 볕은 길어졌다

후루룩, 후루룩
긴 어둠을 달래면

어머니의 눈은 빛나고
떠도는 바람도 방에 머문다

꽃비

햇살이 꼬리를 감추자
밤인 듯 낮이다

베란다에 널어 놓은 빨래는 축축한데
창밖 조팝나무는 눈물을 털고 있다

마른 슬픔이 고개 내밀 때마다
신발 밑창에 달라붙은 그림자

네 밑에 남동생이 있었지

지그시 바라보는 눈가에
하염없이 날리던

꽃비

촛불 맨드라미

맨드라미 마당에 심어 놓고
밤 기온 내려가면
배앓이도 찾아왔어요

구들장 등지고 누우면
보드랍던 꽃잎 타올라
따뜻한 온기 퍼져갔어요

별이 어둠을 품은 날
등나무 껍질처럼 투박한 손

비나이다, 비나이다
촛불 켜는 밤 기도에
여인의 눈빛이 서성거려요

재봉틀

한 발 구르다 엉킨 실타래
힘없이 부러진 바늘

스무 해를 감고 풀어내도
풀리지 않는 매듭

먼지 쌓인 사랑방
오십 년을 감고 풀었던 시간 앞에 선다

시어머니의 재봉틀
기름칠해 나에게 왔다

시어머니와 미역국

연골이 닳아서 뼈가 부딪치고
통증으로 영혼이 잠식당해도
하루에 두 번 다니는 시골 버스를 타고 나가
미역국에 넣을 소고깃값을 부쳐주셨지

아들 생일은 챙기지 않아도
며느리 생일은 잊지 않았지

물에 빠진 고기가 싫어서 소고기를 구워 먹었는데
시어머니를 수술실로 밀어 넣고 나니
빗줄기는 더욱 거세지고
소고기미역국이 먹고 싶어졌지

풀꽃

외갓집 가는 날이면
방에서 꽃향기가 났다

빨간 구두를 신겨주던
어머니의 손은 논바닥처럼 갈라졌다

열리지 않을 것 같은 높은 하늘
대문 틈새로 긴 한숨을 토해내면
붉은 해도 발밑에 서성였다

화로에 군밤을 구우며
곰방대 피우시던 외할아버지
턱수염에 볼을 비비면
마른풀 냄새가 났다

밤새 돌아누운 그리움
피고 지다 붉어진 눈물방울이
마른 풀꽃이 되었다

얼굴

고향 집 떠나는 날, 대청마루
하늘이 낯설다

화초 뽑다 길어진 얼굴
아버지 등만 보인다

보내는 마음과 떠나는 마음이
녹슨 대문 앞에 머문다

낯선 하늘을 품고 나니
대문 밖 세상이 발밑에 펼쳐진다

기울어 가는 눈빛으로
자식만 바라보는 아버지 얼굴에서
나를 본다

가을 이야기

말없이 찾아온 가을이 깊은 주름을 훑고 가자
송곳 하나가 심장을 찔렀다

술에 취한 밤,
미안하다는 말을 유행가 가사처럼 읊던 아버지

어떤 말이든 해보라고 화를 내는데
입술이 얼어붙어 열리지 않았다

움푹 들어간 눈동자가
불길 속으로 걸어가는 책을 바라볼 때,
손가락엔 까만 재가 달라붙고
빈 책가방은 혼자 남았다

가을이 오면 들린다

중고 서점을 누볐을
아버지의 발자국 소리

아버지

가을바람 소리에 술병이 나뒹군다

막걸리에 취해 불러주던 노래가

바람을 타고 입가에 맴돈다

모퉁이를 돌고 돌아

길을 열어주던 아버지 발자국,

어둠은 소리 없이 찾아온다

별이 사라진 하늘 아래

아버지가 산다

조화(造花)

현충원에 바람이 불어오면
그리움은 솟아올라
태극기 휘날린다

어서 와라
발길 닿는 곳마다
고통은 자라나 붉은 꽃을 피웠다

죽지 못해 살다가
시들지 않는 꽃으로 태어나
얼어붙은 이 땅에 봄이 찾아왔다

별

사랑하는 사람은 별이 되어 떠나도

그리움은 피어오르고

생의 한가운데 길을 잃고 헤맬 때

내 등을 비추며 수많은 길을 열어주지

사람마다 꺼지지 않는 별 하나

가슴에 묻고 살아가지

노을

한 발짝 떼려는 아기처럼
구름 사이로 발그레 올려다보면
정수리에 똬리 얹어
붉은 대야를 이고 가는 어머니

은비녀 꽂고 허리 굽은 채
산등성을 타고 내려오는 할머니

소녀처럼 붉게 차올라
피고 지는
한 떨기
꽃

제2부

가을의 문턱에서

한 발짝도 내디딜 수 없는 절망을 끌어안자
살갗을 파고들던 열기가 바람을 타고 날아가요

까맣게 데인 상처가 옷 속으로 숨어들고
들녘은 새 옷을 갈아입은 채
살아온 흔적을 지우고 가요

고이 접어놓은 꽃
바람에 실려보네요

어리석게도

한철 피었다 사라진다고
발 동동 구르며 눈물을 훔치다가도
얼굴을 스치는 꽃잎에 설레곤 했지

강물이 흐르는 길목에서 투덜대다가
썩어 악취가 나는 것처럼

이럴 줄 알았다면서도
휘몰아치는 계절을 끌어안고
새벽이면 닳아버린 벽지에
스며드는 햇살을 그려 넣으려 했지

하루는 웃고
또 하루는 웃다가

천둥 치는 밤을 만났지

거울 앞에서

한 남자와 일생을 산다는 것은
아침마다 거울 앞에 서야 하는 일이다

보고 싶은 얼굴과 보이고 싶은 얼굴,
깊게 파인 주름에 아이크림을 바르고
상처에 연고를 발라야 하는 일이다

화창한 날에 소낙비가 퍼부으면
보아도 못 본 척, 몰라도 아는 척
한쪽 눈을 지그시 감고 낯을 어루만지는 일이다

기다림

더듬이가 자라온 길목에서
어머니의 긴 밤이 찾아왔다

길어진 아이의 눈빛에서
손을 놓아버리자 시간의 그늘에 갇혔다

한 계절을 건넜다
한 세대를 만났다

눈 감지 못한 밤이면
현관문 앞에서 하얗게 말라가는
나를 만났다

모란꽃

열 번 화를 내고 토라져도
아홉 번 함지박만 한 얼굴로 웃다가

한 번 화내고 돌아서는 등 뒤로
칼바람이 부네

이야기보따리 꺼내 들고
동동거리는 봄의 언덕

모란꽃이 피고 질 때까지
바람이 잦아들기를 기다리네

비워내기

몸무게가 한 계단을 내리기 위해
숨이 턱까지 차올라서야 볼 수 있는 하늘가

채워지지 않는 허기로 몰려온 어둠 앞에서
흠뻑 젖은 땀방울이 긴 밤의 침묵을 견디고
살아온 날의 흔적을 비워낸다

비우고 비워내다
오르기를 멈추니 새 길이 열리고
헐렁해진 옷 틈으로 천 개의 바람이 불었다

매미 소리

숨어 울고 싶은 날 찾아오면
날개를 펴고 하늘을 날았어

바람도 쉬어가는 그늘 아래
등을 기대니 햇살도 느슨해졌어

편안함 밤을 기다리면서
간절함이 하늘에 닿기를 기도했어

우는 아이를 달래다가 여름 길목에 서면
쓰러져 울다가 떠내려가는 매미

하루

버티고 버티다가 구멍 난 하루

삐죽 튀어나온 엄지발가락이 구멍이 났다

페매도 종이처럼 얇아져 주름만 깊다

줄줄이 달라붙은 발가락이

서슬 퍼런 눈으로 바라본다

서랍에 짝 잃은 양말 한 짝,

구석의 먼지처럼 쌓여간다

달달한 커피 한 잔

뜨거운 바람이 분다

삶

실과 바늘이 등 뒤에서
여백을 한 땀 한 땀 채워갔다

조각난 시간을 돌고 돌아
소녀가 되고 여인이 되었다

조바심치느라 끊어낸 인연
구멍에서 바람이 불어왔다

등 뒤를 따라 걷다 보니
시작점은 달랐지만 끝은 같았다

여백을 채우며 살아온 풍경 속으로
나비가 날아든다

빈자리

모터를 돌리던 냉장고가 멈추자
뜨거운 눈물을 쏟아냈어

까만 비닐봉지를 열 때마다
버리지 못한 욕망덩어리가 쏟아져 나오고
몸이 새털처럼 가벼워지자
절제의 벽도 무너져 내렸어

떠난 자리 말끔히 치우고 나니
적막하게 드리운 그림자 하나

빈손으로 왔다가
빈손으로 가야 하는 숙명 앞에서
한 방울 눈물마저 메말라 버렸어

홀씨

바닥에 쓰러져 울고 싶은 날
발 디딜 곳 찾아 가을 길 헤맸어요

매연으로 뒤덮인 거리
좁아진 시야를 지우개로 지우고 싶은가요

눈이 먼 사랑은 절름발이 되고
눈물을 머금고 백지처럼 웃어도
계절은 찾아오네요

후우 후우
울지 말아요

내일은 또 다른 바람이 불어요

꽃

가지 말라고 해도 길이 끊어진 빈터에 핀다

들풀에 이름을 새기니 꽃잎은 일어나

하늘을 난다

생이 머무는 순간 길을 열고 가는

꽃이 된다

낯선 여자

세포막이 시간을 건디는 동안
갈라진 틈으로 주름을 늘리고

구두를 대신해서 운동화가 신발장을 지키면
하수 구멍은 머리카락 개수를 늘려요

지구를 한 바퀴 돌아 나온 고무줄이
허리를 가볍게 끌어안네요

거울에 낯선 여자가
웃고 있어요

커피 한 잔

사는 게 바빴다고
변명을 늘어놓는 내게
얼마큼의 물을 부어야 하는지 묻지도 않고
눈으로 선 하나 긋더니 뜨거운 물을 붓는다

후후 불면
얼굴은 달아오르고
쓰고 달콤한 향기가
멀어진 거리를 가까워지게 한다

만남은 뜨거웠지만
마실수록 차가워지는
우리의 추억

겨울 지나고
봄,

그리움이 밀려온다

이끼

햇살이 찾지 않는 나무 아래
푸른 이끼 자란다

세월을 신고 달려온 바람
껍질 떨어져 돋은 생채기

한 발짝 나아가지 못해
땅속으로 파고드는 적막한 어둠

겨울과 봄의 갈림길
길을 잃고 서 있다

수많은 별 다가와
그 틈을 비춘다, 꽃이 피어난다

첫눈

천애 절벽에서 날아온 눈이
바람을 타고 볼을 만지고 사라졌다

스무 해를 살다가 너처럼

그러고 보니
가지 말라고 붙잡지도 못했는데

너는 언제나
네게 날아오고 있었다

기억하지 못하지만
잊지 않고 찾아온 눈처럼

흔들리며 날아와
놓아버린 생을 어루만지고 갔다

담배 연기

입맞춤하고 사라진 꽃잎에
보이지 않는 슬픔 하나 생겼다

구조 조정에 밀려난 노동자가
빠져나오지 못한 긴 한숨같이

어디로 갔을까
내 가슴에 날아든 한 마리 새처럼
입맞춤하고 사라진 너는

뜨거웠던 날을 참고 기다렸지만
빈 껍데기로만 남아
차가운 바닥에 내몰려 날아간다

천둥이 몰아치는 밤,

떠밀린 한숨이
비좁은 골목을 배회하고 있다

제3부

바람

젖어 있을 때는 예쁜 아이였는데
말리고 나니 바람난 아줌마다

무스를 바르자 잠시 숨을 고르더니
사방 팔방 춤을 춘다

빗으로 쓰다듬고 다독이다가
꼭꼭 묶고 살아왔다

고무줄을 풀어버리자

부풀 대로 부푼 머리카락
바람이 나버렸다

괜찮아

밤이 침묵할 때마다
채우지 못한 허기를 만지작거렸다

갈증을 떼어내지 못하고
밀려오는 추억을 마셨을 뿐인데
체중계의 눈금은 내려갈 줄 몰랐다

무작정 나선 길,

괜찮아, 괜찮아
노을은 따뜻하게 어깨를 토닥여 주고
얼굴에 쏟아지는 땀을
코스모스가 웃으며 닦아 주었다

부부

바다와 육지의 경계선
줄 하나를 붙잡고 힘겨루기를 하지

밀물과 썰물이 만나서
모래알을 휩쓸고 지나가면
용수철처럼 튀어 올라 제자리를 찾아가야지

끝없이 추락해 밑바닥을 기다가도
마주 잡은 줄을 잡고 올라와
살아갈 희망을 낚아야지

말라는 말

고약한 은행 냄새가
며칠이 지나도 가시지 않는다

아늑했던 소파가 가시방석이 되고
창문은 창살이 되었다

아는 길에서 길을 잃었고
낯선 길에서 자꾸 뒤를 돌아보느라
고개에 힘이 들어갔다

숨겨야 할 일이 많을수록
한번 밴 냄새는 꼬리를 물고 찾아와
시작과 끝을 잃어버리고 말았다

뚝 떨어진 은행이
어깨를 짓눌렀다

친구

커피 향이 그리울 때면
늘어진 기억을 쪼개어
상류로 거슬러 올라갔지

휘핑크림과 커피 원두가
따스한 체온과 눈빛을 나눌 때
뭉게구름이 피어올랐지

꽁꽁 언 손을 내밀어도
다정하게 잡아주던
동그란 얼굴

너라서
참 좋았어

그대의 벽

보고 싶다고 얼굴 내밀더니
이제는 내 말만 들으라고
으름장을 놓는다

한 발짝 다가가 손을 내밀지만
잡힐 듯 잡히지 않는, 보일 듯 보이지 않는
그대와 나 사이에
벽 하나 있다

뾰족한 가시로 제 살을 깎아내며
열고 닫았을 문 앞에서

별을 헤아려 본다

화해

그대 웃는 얼굴을 보니
이미 끝났다

미안하다고 내민 손과
쏟아지는 눈물을 피하지 못해
처음을 버렸다

돌아서 가던 바람도
구름을 타고 되돌아왔다

장미

겨울을 건너왔다
살아내야 한다는 끈을 잡고
물 한 모금 삼키고

바람에 흔들리던 뿌리가
제자리를 찾는 동안
질긴 목숨은 침묵을 지켰다

믿음으로 단단해지는 시간

서로의 눈을 바라볼 때
장미는 핀다

여자

흔들리는 꽃처럼 나약하다가도
서릿발 눈보라같이 당찬 게 여자지

어디로 튈지 몰라 부모 속을 태우다 가도
얼음장 깨고 들어앉아 집을 지키는 게 여자지

살아 있는 생선을 눈 질끈 감고 토막을 내어
자식 입으로 들어가는 것만 보아도 흐뭇하지

회사와 집을 오가며 지친 발걸음이 잦아들어도
억척스럽게 설거지를 해내는 게 여자지

한마디 말에 서럽게 울다가도
아침이면 김이 모락모락 피어나는 밥을 짓고
콧노래를 부르는 여자, 꽃보다 아름답지

빈혈

주머니에서 봄을 만지작거리는 동안
몸의 중심은 바닥을 향해 곤두박질치고
찰칵찰칵 셔터 소리에 빠질 때
초인종을 누르다 사라지는 봄,

더 이상
일상생활이 힘들다는
의사가 던진 말을 잘근잘근 씹으며
거울 속으로 기어들어가
나는 봄을 밀어버렸다

얼마나 밀어내야 봄을 만질 수 있을까

지난해
싹을 틔워낸 창문으로 햇살은 스며들지만
소파에 누워 겨울을 보내야 했다

솥단지에 눌어붙은 밥풀같이

들꽃

햇살이 푸른 소나무를 비추면

언 땅을 뚫고 바위틈에서 꽃을 피운다

하늘 가득 날카롭게 온 세상을 품었을 소나무 아래

더 높게 더 넓게 길을 만든다

그 길을 따라 걷다 보면

그늘 속 들꽃도 함께 빛난다

꽃길 부고

바람에게
꽃이 소식을 전한다

몇 년을 아팠다는 말
왜 이제야 말했냐는 변명을 늘어놓고
무심한 세월에 묻힌 시간 앞에서
달이 밤보다 커지고 있다

그러나
바람은 멀리 있고
꽃은 거기 가 있다

가야 할 곳이 어딘지 알면서도
꽃은 잠시 바람에게 머물다
흔들고 갔다고

꼬리

쉼표와 마침표 사이
꼬리 하나 달렸다

술잔을 기울이던 동료가 떠나고
썩은 동아줄인 줄 알면서도
안방까지 따라오는 꼬리를 자르지 못해
동튼 하늘과 마주할 때

술로 쉼표를 찍다가
눈 감으며 마침표를 찍던 아버지

온 힘을 다해 붙잡고 살아도
맥없이 무너지는 모래성 같은 삶

주머니에 간직한 새 한 마리 날리자
도려낸 꼬리가 아파온다

그 사내

분꽃이 하루를 접을 때

찌그러진 주전자가 따라주는

막걸리가 생각났다

땀에 젖은 옷을 말리다가

날아간 하루를 붙잡고 앉아서

붓을 잡던 길고 하얀 손가락

끝내 놓아버린 꿈을 들이키고 들이키다가

연장을 쥐던 퉁퉁 부은 손을 어루만진다

주전자에서 살얼음 깨지는 소리

다시 한 잔을 들이켰을 때

두 눈이 촉촉해졌다

훈련소 가는 길

짧은 머리를 하고
바라보는 등이 어둡습니다

검은 산을 가로질러
담과 담 사이를 한없이 바라봅니다

보고 싶다는 메아리
가슴에 묻습니다

누군가의 아들이었을
그대가
걸어갑니다

변화

꽃잎 훔치는 눈가에서 참았던 눈물을 쏟아낸다

잡았던 손을 놓아버리자 손마디가 시려온다

문을 열고 나서려니 바람이 낯설다

멈출 수 없는 삶 속으로

어제와 다른 나를

만나러 간다

12월

두툼했던 시간을 보내고서야
달력 끝장이 기어 나온다

오늘도 고생했다면서
다독이는 손
안녕을 말할 때

너는 불에 덴 오징어처럼 오그라져 있다

밥 한번 먹자던
약속,

허공에 뿌린 눈물을 잡지도 못한 채
바람은 자리를 털고 일어서고 있다

그대와 나

봄비 내리면 그대는 좋아서 달려가고
여름 햇살에 나는 대문을 열고 뛰어가고

서로를 인정하지 못해
얽힌 실타래를 끌어안고 살았지

바라보는 하늘이 다르다고
사랑이 변할까

들녘에 바람이 일렁일 때
이슬처럼 반짝이는

그대의 눈빛 속에 내가 있지

제4부

길을 잃고 섰을 때

내 등은 조용하다
별 하나 쉬어갈 조그만 내 등

새벽 여섯 시,
잠을 쫓아 터전으로 나가는
생은 고단함이다

고단함에 깃든 몸뚱어리
길을 잃고 섰을 때
수많은 별 다가와 내 틈에 쉰다

어둠은 별을
별은 어둠처럼
조용한 내 등에서 빛난다

커피를 마시다

로스팅 기계의 뜨거운 열기가
납작 엎드린 생두를 만지고 갔다

끝이 보이지 않는 절망을 끌어안고
몇 바퀴를 돌아오는 동안
에티오피아의 푸른 언덕에서 품었던 꿈
새카맣게 타들어 갔다

하늘에 허물을 날려 보내자
눈은 맑아지고
비로소
단단해진 원두

아무것도 하고 싶지 않은 날

에스프레소 한 잔이
나를
뜨겁게 일으켜 세웠다

플라타너스

거침없이 달려온 시간 속
서둘러 다녀간 발자국이 길게 누웠습니다

마른 잎은 카페에 머물러
눈물의 의미를 찾으려 했지만

뼈만 남은 노인처럼
희미해진 기억을 붙잡고
겨울 속을 걸어가고 있었습니다

안녕이란 말보다
다시 만나자는 말이 더 슬퍼지는

가을이 몹시 시렸습니다

그대의 그릇

투명한 그릇 그대의 모습
바닥을 드러낸 갯벌처럼
남김없이 비워버린 빈 그릇
그 속에 감추어진 시간

세월을 훔치고 달려온
그릇들 모양 제각기 달라
그대의 그릇 깊이도 다르다

오늘도 들여다본다
그대만의 빈 그릇

바닥을 드러내지 않고는
그 속에 담긴 하늘을 알 수 없네

편지

회오리바람이 산을 넘어
열 손가락 선율을 타고 글자를 수놓았어

타닥타닥 두드리면
인연은 줄 바꾸며 찾아왔고

새의 발자국 찍던 눈빛이 모여
여백을 메워갔어

빛바랜 편지 한 장,
뒷걸음치던 기억의 숲에서
쌓여가는 그리움

거리 두기

비가 내리고 징검다리가 잠기자

그대와 나의 연결고리가 끊어졌지

손만 뻗으면 닿을 듯한 거리에서

가로질러 달려온 길

가파른 절망이 거세게 흔들렸지

언제 만날 수 있을까?

놓았던 체온에 물음표를 던져보지만

강물은 소리 없이

흐를 뿐

밥은 먹었니

안 먹었다는 말을 듣게 되면
소매 끝에 달라붙은 밥풀 같다

밥상에 숟가락 없고 나니
하얀 그리움이 생겨났다

식은 밥에 물을 말아서
신김치 얹어 한 끼를 후딱 해치우자
입안 가득 밥알이 메어온다

사랑한다는 말 대신
밥은 먹었니?

먼 마음을 가까워지게 하는 말

수채화

비가 검은 발자국을 찍고
그리움을 몰고 와
햇살의 흔적을 지우고 갑니다

지우기 위해 애쓰지 않았는데
눈물로 깨어나
하늘을 까맣게 물들고 있습니다

얼마나 지워야
이 비가 멈출까요

서랍에서 눈물을 꺼내어
창가에 혼자 서 있습니다

코스모스

문풍지 실바람이 불면
막걸리 한 사발로
어둠을 달래시던 아버지

고단한 등을 굽히며
텃밭에 씨앗을 뿌린다

등을 타고 솟아나던
코스모스 하늘 닿으면
하늘에 묻어둔 아버지 두 눈가
가을 햇살 머물고

아버지
막걸리 한 사발로
하루해가 저문다

향기를 깎았지

껍질과 마주한 칼
침묵을 받아들이지 않겠다며
날 선 경계를 한다

껍질은 언제부터 껍질이었을까

망치가 다녀간 손톱의 까만 점이
넝쿨처럼 자란 하루는
두드려도 쪼개지지 않는 사과가 된다

입천장에서 자라는 침묵을 게워 내느라
낙엽처럼 바스락거리며 서성이고
작업복 주머니에 숨겨 놓은 눈물은
털어내지 못한 이야기를 만들지만
칼은 사과 향기로 물든다

침묵을 건드릴 때마다
칼이 주문을 외운다

당신의 향기가 궁금해지면
사과를 깎는다

새치

하얀 새 날아왔다

깃털 솟아올라 뽑았더니

아예 둥지를 틀었다

침묵의 노래가 밤을 부르면

가지 끝에 매달린

날아오르는 새의 날갯짓

외길을 걸어가는 뒷모습은 얼마나 아름다운가

그래,

집 짓고 살아도 좋다

곱슬 머리카락

파마약을 바르면
라면처럼 고불거리는 머리카락이
찰랑거리기를 기도했지만

시간의 무게를 던져도
용수철처럼 튀어 올라 제자리로 돌아갔어

퍼지지 않는 채 부스스한 날
풀어헤친 머리카락을 잡아주던 검정 고무줄

담벼락 모퉁이를 걸어오는 아버지
너는 나를 닮았지

아버지가 하회탈처럼
웃고 계셨지

물웅덩이

아스팔트 틈을 비집고 빗물이 모인다

앞만 보고 달려가다

마르지 않는 눈물 고여 웅덩이 만든다

엎드려 퍼져가는 동안 움푹 패어 스며든 시간

그늘 걷히면

햇살 찾아든다

다이어트

달아오른 머리카락을 움켜쥘 때마다
시원한 맥주의 유혹에 빠져들었지

갈증은 입안을 타고 내려가
목포수 같은 시원함을 건네주고
하루를 건너는 징검다리가 되었지

풍선처럼 부푼 배가
살기 위해 마셨는가를 물으려고
한 발 튀어나와 있을 때

체중계 숫자들은 앞다투어 올라와
흔들렸던 유혹과 마주하곤 했지

이별을 말하다

캐러멜마키아토와의 만남이 달콤할수록
커피믹스는 오래오래 보고 싶었다고

종이컵에 달라붙은 오래된 상처가
이별을 준비할 때마다
묵은 향기는 첫 만남의 설렘을 몰고 온다

오후 창가에서
손에 남은 온기로 거울을 열면
잊혀질 커피 향기는
휴지통 안으로 걸어가야 합니다

차곡차곡 접은 물음표가
꼬리를 물고 따라옵니다

이팝나무

밥 먹어라, 부르시던 어머니
바짓가랑이 흙먼지 털어내고
밥알이 터져 꽃으로 날렸다

꽃 핀 자리
꽃 진 자리

어머니
꽃

이별

쪼그라진 어머니의 신발이
그늘을 지나간다

햇살이 그늘을 따라나서듯
입은 웃어도 눈은 슬프다고
내일의 나를 두고 오는 것 같아서

다시 만나자고 약속했지만
신발은 마르지 않는다

젖은 신발이 빈 둥지처럼
슬픔의 집을 짓고 있다

떠날 사람과 남는 사람이
내가 될 수 있음을 알았다

해설

길항(拮抗)하고 화해하는 삶의 여정
— 박은정 시집 『말라는 말』

안현심(시인·문학평론가)

1.

문학은 사상이나 감정을 상상의 힘을 빌려 언어로 표현하는 예술이다. 사상이나 감정이 인간의 삶 속에서 일어나는 정신 작용이라고 했을 때, 문학은 인간의 삶에 상상력을 가미해 언어로 표현한 예술 양식이 될 것이다. 인간에 의해 탄생하고 인간에 의해 향유되는 문학은 인간의 삶과 밀접한 관계를 지닐 수밖에 없다는 의미이다.

시를 구체적으로 정의하면, 시는 세계를 자아화하는 문학 형식이다. 세계는 나를 제외한 우주 자연을 말하는데, 이 우주 자연을 끌어들여 나의 의식이나 관념으로 내재화하는 것이다. 따라서 꽃에 대해 읊거나 물에 대해 읊어도 결국은 내 사상이나 감정이 도입된 내 이야기인 것이다. 이렇듯, 시작품은 그 사람의 삶을 떠나서는 거론하기 어렵다.

박은정 시인의 시집 『말라는 말』을 정독하면서 이런 생각은 더욱 확고해졌다. 박 시인의 작품은 시로 쓴 일기 혹은 자서전이라고 해도 지나치지 않다는 생각이 들었다. 여성이 온몸으로 헤쳐 나가는 삶의 여정을 보며 어깨가 뻐근해지는 느낌이었다. 이것은 단지 박 시인만의 문제가 아니라 동시대를 살아가는 여성 모두의 일이기도 할 것이다. 끝내는 인내로써 삶을 내 편으로 만들어 가는 시인을 응원하며 작품을 읽어나가기로 하겠다.

2.
한 사람의 일생에서 간과하지 못하는 것은 부모와 형제자매와의 관계이다. 이들은 혈연으로 얽혀 있어 떼어낼 수도 없이 생사고락을 같이하는 공동 운명체이다. 경제적 어려움이 없는 상류층 집안이라면 애환이 적을 수도 있지만, 전후 세대 대부분의 한국인은 사회 문화와 경제적으로 열악한 형편에 놓여 있었다. 문학은 그러한 욕구 불만과 결핍을 채우기 위한 방편으로 쓰이는 경우가 많기 때문에 시인이나 소설가는 대부분 신산한 운명을 극복했거나 아직도 가시밭길에 서 있는 사람이 대부분이다.

가족사 중에서도 대표적인 인물이 어머니 아버지인데, 이를 소재로 삼아 애환을 형상화하지 않은 문인은 없을 것이다. 부모의 애환은 고스란히 자식에게 전달되어 자식의 정신세계에 지대한 영향을 미치기 때문이다.

> 어머니는 햇살을 등에 지고
> 눈물로 꽃씨를 뿌렸다
>
> 담장 너머 세상은
> 하늘을 향해 열렸고
> 마당귀 감나무는 높아만 갔다
>
> 별이 빛나는 밤이면
> 닿을 수 없는 하늘을 향해
> 꽃을 피우던 날들
> ―「나팔꽃」 부분

시 「나팔꽃」에 등장하는 어머니는 "햇살을 등에 지고/ 눈물로 꽃씨를" 뿌리고 있다. 햇살은 앞섶을 비춰야 앞날이 환할 터인데 등에 졌다는 것은 '음지' 혹은 '그늘'을 상상하게 만들면서 슬픈 이미지를 안겨준다. 또, 꽃씨를 눈물로 뿌린다는 형상화는 생의 무게에 짓눌린 상황에서도 희망을 포기하지 않는 어머니를 표현한 것이 아닌가 싶다.

"담장 너머 세상은/하늘을 향해 열렸고/마당귀 감나무는 높아만 갔다"는 형상화에서, "담장 너머 세상은" 지금의 상황을 벗어나 도달하고 싶은 이상향일 것이다. 그 세상이 하늘을 향해 열리고, '마당귀 감나무도 높아만 갔다'는 형상화는 매우 희망적인 메시지를 전해준다. 어머니가 심은 꽃과 나무가 잘 자란다는 건 그 의미가 확장되어 이것을 심은 어머니의 처지 또한 희망적으로 변모해간다고 해석할 수 있기 때문이다.

어머니는 "별이 빛나는 밤이면/닿을 수 없는 하늘을 향해/꽃"이 피기를 기다리며 지난한 생을 극복하고자 노력하는데, 이러한 모습은 그것을 보아온 딸에게 고스란히 전이되어 내면화될 수밖에 없었을 것이다.

> 연골이 닳아서 뼈가 부딪치고
> 통증으로 영혼이 잠식당해도
> 하루에 두 번 다니는 시골 버스를 타고 나가
> 미역국에 넣을 소고깃값을 부쳐주셨지
>
> 아들 생일은 챙기지 않아도
> 며느리 생일은 잊지 않았지
>
> 물에 빠진 고기가 싫어서 소고기를 구워 먹었는데

시어머니를 수술실로 밀어 넣고 나니
빗줄기는 더욱 거세지고
소고기미역국이 먹고 싶어졌지
     —「시어머니와 미역국」전문

 작품「시어머니와 미역국」을 보면, 박은정 시인은 시어머니 사랑을 듬뿍 받은 듯하다. "연골이 닳아서 **뼈가 부딪치고**/통증으로 영혼이 잠식당해도/하루에 두 번 다니는 시골 버스를 타고 나가/미역국에 넣을 소고깃값을 부쳐주"신 시어머니. 이 부분을 읽을 때 독자들은 가슴이 울컥하지 않을 수 없다. 현 사회에는 고부갈등이라는 뿌리 깊은 관습이 존재하는데, 그와 상반된 모습을 보여주기 때문이다.

 또 "아들 생일은 챙기지 않아도/며느리 생일은 잊지 않"는 시어머니의 행위에서, 며느리 노릇을 잘했을 박 시인을 떠올려보지 않을 수 없다. 정은 오가는 것이고, 사랑도 주고받는 것이라고 했다. 시어머니가 아무리 잘하려고 해도 며느리가 받아주지 않으면 그 사랑은 길을 잃을 것인데, 시어머니의 행위에서 역설적으로 박 시인의 됨됨이를 유추해볼 수 있는 것이다.

 아무리 잘 지낸다 해도 티끌만한 어긋남은 없을 수 없다. 생일날 미역국 끓여먹으라고 보내준 소고깃값으로

"물에 빠진 고기가 싫어서" 소고기구이를 해먹었는데, 장대비 쏟아지는 날 "시어머니를 수술실로 밀어 넣고 나니" 갑자기 "소고기미역국이 먹고 싶어"진 것이다. 이러한 형상화는 시어머니의 마음 씀을 되짚어보게 되었다는 의미가 될 것이다. 건강할 때는 새겨듣지 않은 말이 수술을 앞두고 후회로 다가온 것이다. 부모에게 잘못한 것들이 돌아가시고 나면 걸리듯이 말이다.

    말없이 찾아온 가을이 깊은 주름을 훑고 가자
    송곳 하나가 심장을 찔렀다

    술에 취한 밤,
    미안하다는 말을 유행가 가사처럼 읊던 아버지

    어떤 말이든 해보라고 화를 내는데
    입술이 얼어붙어 열리지 않았다

    움푹 들어간 눈동자가
    불길 속으로 걸어가는 책을 바라볼 때,
    손가락엔 까만 재가 달라붙고
    빈 책가방은 혼자 남았다

가을이 오면 들린다

중고 서점을 누볐을
아버지의 발자국 소리

　　　　　─「가을 이야기」 전문

"말없이 찾아온 가을이 깊은 주름을 훑고" 지나가면, 날카로운 "송곳 하나가 심장을" 찌르는데, 그것은 술만 취하면 "미안하다는 말을 유행가 가사처럼 읊"고 사는 아버지 때문이다. 아버지는 왜 딸에게 늘 미안하다고 했을까? 그에 대한 해답은 제4연에서 형상화되는바, "움푹 들어간 눈동자가/불길 속으로 걸어가는 책을 바라"보았다는 구절이 그것이다. "어떤 말이든 해보라고 화를 내는데"도 "입술이 얼어붙어" 말하지 못하자, 아버지는 딸의 교과서를 불길 속으로 던져버린 것이다.

이때 "움푹 들어간 눈동자가" 아버지의 것인지 딸의 것인지 알 수 없지만, 책이 불타는 황당한 상황은 그것을 던진 사람이나 빼앗긴 사람이나 마찬가지일 것이므로 누구라고 해석해도 무관하다. 이 사건은 부녀에게 크나큰 상처로 남았을 것이고, 아버지는 딸에게 두고두고 미안했을 것이다. 사건이 일어난 것은 깊은 가을, 가을이 올 때마다 딸의 교과서를 구하기 위해 "중고 서점을 누볐을/

아버지의 발자국 소리"가 여실히 들려온다.

  왜 그런 일이 일어났는지 작품에서는 구체적으로 기술하지 않지만, 대부분은 가난한 부모와 아이 사이에서 흔하게 일어나던 사건이었다. 부모는 삶이 풀리지 않는 한풀이로 자식을 학교에 가지 말라고 하고, 아이는 학교에 가겠다고 우길 때 말도 안 되는 폭력이 발생하는 것이다. 그것이 큰 잘못이었다는 걸 깨달은 아버지는 술의 힘을 빌려 용서를 빈다.

  이러한 폭력은 자식이 미워서가 아니라 가난한 생을 건너가는 중에 발생하는 애환이라고 할 수 있다. 그래서 끝내 아버지를 미워할 수 없는 생의 고리, 그러한 애환이 「가을 이야기」와 같은 시를 탄생시킨 것이다. 그런 의미에서 이 시는 아버지와 화해하기 위한 '살풀이' 성격을 지닌다고도 하겠다.

3.
  어릴 적 삶은 주로 부모형제와 얽혀 있지만, 결혼하고 나면 부부간의 문제로 집약된다. 인간의 통과의례 중 결혼하고 출산하는 것은 당연지사인데, 남녀가 만나기 전에는 하나가 되고 싶어서 애를 태우지만, 하나가 되고나면 서로 다름에서 오는 차이 때문에 고뇌한다. 원래 연인은 모든 면에서 똑같기를 바라지만, 어찌 타인이 나와 똑

같겠는가.

  산다는 건 끝없이 관계를 맺고 풀어가는 과정인지도 모른다. 이 과정에서 순조로운 것은 하나도 없다. 노력하지 않으면 어느 관계도 지속되지 않을 뿐더러 악연으로 발전할 수도 있다. 관계가 어려운 것은 성격이 다르고 세계관이 다르기 때문인데, 무엇보다 중요한 것은 상대의 입장을 존중하고 이해하려는 태도일 것이다.

    열 번 화를 내고 토라져도
    아홉 번 함지박만 한 얼굴로 웃다가

    한 번 화내고 돌아서는 등 뒤로
    칼바람이 부네

    이야기보따리 꺼내 들고
    동동거리는 봄의 언덕

    모란꽃이 피고 질 때까지
    바람이 잦아들기를 기다리네
                           —「모란꽃」 전문

 시는 부끄럽고 못난 부분까지도 솔직하게 표현할 때

진정성 있게 다가온다. 시「모란꽃」은 어려운 장치 없이 상대방의 성격을 솔직하게 표현함으로써 개연성을 얻으며 공감의 폭을 넓혀주고 있다. 개연성이 있다는 것은 특정한 부부의 일이 아니라 누구나 그럴 수 있다고 고개를 끄덕거리게 한다는 뜻이다.

그는 내가 "열 번 화를 내고 토라져도/아홉 번 함지박만한 얼굴로 웃"는 사람인데, 한번 화를 내고 돌아서면 "등 뒤로/칼바람이" 분다. 이렇게 되면 애가 타는 건 화자, "이야기보따리"를 "꺼내 들고" 봄의 언덕을 동동거리며 화가 풀리기를 기다린다는 형상화이다.

시를 쓸 당시, 화자는 마음이 아팠겠지만, 독자들에겐 상쾌한 웃음을 가져다주는 작품이다. 정말로 심각한 상황이 아니라 소꿉놀이하는 부부의 모습이 어른거리기도 하고, 집안이나 이웃에서도 한두 번쯤 보았을 법한 일이기 때문이다. 그러한 개연성이 이 작품을 누구나 공감하게 만드는 것이다.

바다와 육지의 경계선
줄 하나를 붙잡고 힘겨루기를 하지

밀물과 썰물이 만나서
모래알을 휩쓸고 지나가면

용수철처럼 튀어 올라 제자리를 찾아가야지

끝없이 추락해 밑바닥을 기다가도
마주 잡은 줄을 잡고 올라와
살아갈 희망을 낚아야지

—「부부」 전문

서로 다른 사람이 부부의 연을 맺어 아옹다옹하지만, 결국은 살림을 일궈가면서 잘 살아보자는 데 의견을 모으곤 했을 것이다. 그러한 내막이 적절하게 형상화된 시가 「부부」이다.

"바다와 육지의 경계선"에서 "줄 하나를 붙잡고 힘겨루기를" 한다는 것은 어떤 일을 처리할 때 방법론적인 문제로 실랑이하는 모습을 형상화했다고 할 수 있다. 그러다가도 "밀물과 썰물이" "모래알을 휩쓸고 지나가면/용수철처럼 튀어 올라 제자리를 찾아"간다는 표현은 갑론을박하다가도 밀물과 썰물이 지나간 것처럼 일상으로 돌아간다는 뜻일 것이다. "끝없이 추락해 밑바닥을 기다가도/마주 잡은 줄을 잡고 올라와/살아갈 희망을 낚아야" 하는 것이 부부이기 때문이다.

참으로 진솔하게 삶의 양상을 천착한 작품이라고 하겠다. 거짓의 옷을 입고 듣기 좋은 말을 늘어놓는 것보다 삶이 무엇인가를 숙고하게 해주면서 참신한 울림을 주는 작품이다. 화자는 「나팔꽃」에 등장하는 어머니처럼 삶을 견인하기 위해 부단히 노력하는데, 친정어머니와 애환을 같이하는 동안 저절로 체득된 삶의 방식일 것이다.

> 겨울을 건너왔다
> 살아내야 한다는 끈을 잡고
> 물 한 모금 삼키고
>
> 바람에 흔들리던 뿌리가
> 제자리를 찾는 동안
> 질긴 목숨은 침묵을 지켰다
>
> 믿음으로 단단해지는 시간
>
> 서로의 눈을 바라볼 때
> 장미는 핀다
>   ―「장미」 전문

시 「장미」에서 화자는, "살아내야 한다는 끈을 잡고/물 한 모금 삼키"며 겨울을 건너왔다고 고백한다. "바람에 흔들리던 뿌리가/제자리를 찾는 동안/질긴 목숨은 침묵을" 지키면서 말이다. 고독하게 인내했을 생의 고단함이 밀려와 가슴이 뻐근해지는 부분이다. 인내의 시간을 보내고, "믿음으로 단단해지는 시간//서로의 눈을 바라볼 때/장미는 핀다"고 형상화한 마지막 연은 이 시의 백미이다. 서로가 신뢰하는 눈으로 바라볼 때 사랑이 일어나고 장미도 핀다는 형상화, 참으로 아름답다.

인용한 시 외에도 부부간의 애환이 형상화되는 작품은 「그대의 벽」과 「화해」가 있는데, 「화해」에서는 "그대 웃는 얼굴을 보니/이미 끝났다"라고 언급하면서 칼로 물 베기라는 부부싸움의 형식을 여실하게 보여준다. 부부는 애환이 쌓이는 동안 정이 두터워지면서 시간이라는 직물을 짜나가는지도 모른다.

고약한 은행 냄새가
며칠이 지나도 가시지 않는다

아늑했던 소파가 가시방석이 되고
창문은 창살이 되었다

아는 길에서 길을 잃었고
낯선 길에서 자꾸 뒤를 돌아보느라
고개에 힘이 들어갔다

(……)

　　뚝 떨어진 은행이
　　어깨를 짓눌렀다
　　　　　　　　　　―「말라는 말」부분

　"고약한 은행 냄새가/며칠이 지나도 가시지 않는다". 그로 인해 "아늑했던 소파"는 "가시방석이 되고/창문은 창살이 되"고 말았다. 이러한 형상화로 미루어볼 때 시인의 창문 밖에는 은행나무가 서 있는 듯하다. 그 고약한 냄새 때문에 창문을 열 수도 없고, 거실 소파에 앉아 있을 수도 없다.

　이 부분까지는 은행 냄새에 대한 형상화에 그치고 있을 뿐 그 의미가 확장되고 있지는 않는 것 같다. 제3연 또한 "아는 길에서 길을 잃었고/낯선 길에서 자꾸 뒤를 돌아보느라/고개에 힘이 들어갔다"고 형상화하는데, 이러한 표현 또한 은행이 널린 길에서 밟지 않으려고 애쓰는 모습이라고 짐작할 수 있다.

　그러나 제3연을 곱씹어보면, 제1, 2연의 여파로 허둥거리는 모습을 형상화하지 않았을까 하는 생각이 든다. 즉, '말라는 말', '고약한 말'을 들은 후로 심신의 안정을 찾지 못하는 상황을 형상화했을 거라는 뜻이다.

  시 「말라는 말」은 시집의 제목으로 차용된 작품인데, '고약한 은행 냄새'는 '말라는 말'을 은유하고 있음을 알 수 있다. '말라는 말'을 발설하지 않고, 또 듣지 않고 살 수 있다면 얼마나 좋을까? 그러나 인간은 얽혀 살기 때문에 그러한 말로부터 자유롭지 않다. 그와 같은 마음고생이 한 편의 시로 탄생한 것이다.

4.

  박은정은 시인으로서 부모와 형제자매, 아내라는 시간을 날아올라 자신을 들여다보기에 이른다. 애환으로 얽힌 관계들을 떠나 모든 출발점은 자신이라는 사실을 인지하게 되면서 오롯이 내면을 천착하게 된 것이다.

    꽃잎 훔치는 눈가에서 참았던 눈물을 쏟아낸다

    잡았던 손을 놓아버리자 손마디가 시려온다

    문을 열고 나서려니 바람이 낯설다

    멈출 수 없는 삶 속으로

어제와 다른 나를

만나러 간다
―「변화」 전문

  시 「변화」는 지금까지 읽은 작품과는 확연히 다른 색채를 보여준다. 이 시 역시 삶의 질곡을 극복하기 위한 노력이 보이지 않는 건 아니지만, 세상과 맞닥뜨리는 태도의 결이 다르다.

  작품 속의 화자는 꽃을 바라보는 것처럼 얼굴을 돌리고 있지만, 실은 보이지 않는 눈물을 쏟아내고 있는 것이다. 누구에게도 말하기 어려운 막막함 앞에서 혼자 울던 시간을 떠올리며 공감의 눈물을 흘리지 않을 수 없다. "잡았던 손을 놓아버리자 손마디가 시려온다"는 형상화에서는 놓을 수밖에 없는 인연을 떠나보낸 허전함이 아프게 전해온다.

  "문을 열고 나서려니 바람이 낯설"지만, "멈출 수 없는 삶 속으로//어제와 다른 나를//만나러 간다"라는 형상화, 참으로 가슴 서늘하고 결연한 이미지가 전달되어온다. 「변화」라는 시제도 저돌적이고 야무지다. 변화하지 않으면 삶을 견인할 수 없기에 다부지게 문을 밀고 나가는 화자에게 응원의 박수를 보낸다.

'어제와 다른 나'는 어떤 나일까? 다부진 눈매를 지닌 워킹우먼일까, 완숙미 넘치는 중년 여인일까?

    하얀 새 날아왔다

    깃털 솟아올라 뽑았더니

    아예 둥지를 틀었다

    (……)

    외길을 걸어가는 뒷모습은 얼마나 아름다운가

    그래,

    집 짓고 살아도 좋다

—「새치」부분

어느 날 "하얀 새"가 날아왔다. 깃털이 "솟아올라 뽑았더니//아예 둥지를 틀었다". '새치'의 '새'와 날아다니는 '새'는 음가(音價)만 같을 뿐 뜻이 다르지만, 새치가 흰색이라는 점에 착안하여 '하얀 새'라고 형상화한 재치가 돋

보인다. 그런데 새치는 검은 머리칼과 섞여 있지 않고 뻣뻣하게 곧추서는 성질이 있다. 그래서 뽑아버렸더니 이제는 한 놈이 아니라 다발로 솟아오른다.

기죽지 않고 꿋꿋이 돋아나는 새치를 보고, "외길을 걸어가는 뒷모습은 얼마나 아름다운가"라고 형상화하면서 이제 "집 짓고 살아도 좋다"고 내버려두기로 한다. 시에서는 외길을 걸어가는 대상이 '새치'인 것처럼 말하고 있지만, 화자가 닮고 싶은 사람, 아니 화자 자신을 은유하고 있는지도 모른다. 결국은 혼자일 수밖에 없는 삶, 고독한 존재를 인정하고 연민하는 게 삶이라는 걸 깨달은 것이다.

이 작품에서 새치는 강인한 생명, '하얀 새'를 형상화하기 위해 빌려온 객관적 상관물에 지나지 않는다. 이러한 방법을 시론에서는 '은유'라고 하는데, 시 창작에서 중요하게 차용되는 기법이기도 하다.

5.
박은정 시인의 시를 일괄하는 동안 삶에 맞서고 화해하면서 묵묵히 걸어가는 한 사람을 보았다. 어깨가 욱신거리는 아픔을 느끼면서 힘내라고 소리 없는 응원을 보냈다. 시는 기쁨의 순간에는 얼굴을 내밀지 않고, 슬프거나 괴로울 때 나타나는 성질을 지니지만, 그것을 굳이 작품화하는 이유는 아픔을 승화시켜 삶을 아름답게 가꾸기 위한 의식인지도 모른다. 지난한 삶을 극복하는 데 시 쓰기는 그만큼 큰 위로가 되는 것이다.

  많은 사람을 문학의 길로 이끌었지만, 제대로 가는 사람이 없다고 허탈해하던 원로 시인이 생각난다. 시인의 길은 그만큼 어렵다는 것일까? 아니면 애초에 시인의 기질이 없는 사람을 잘못 끌어준 것일까?

  박은정 시인은 시인의 길로 들어선 이래 꾸준히 쓰고 시집을 내는 성과도 이루었으니 앞길이 탄탄하리라 믿는다. 부디 큰 족적을 남기게 되길 바라마지 않는다. 시는 무엇보다도 쓰고 싶어서 쓰는 것, 쓰고 나면 카타르시스를 느끼며 행복하기 때문에 쓰는 것이다. 지속적으로 쓰면서 좋은 시에 다가가려고 노력한다면 어느 날인가는 그 경지에 이르게 될 것이다.

  하루가 서른 시간이라도 모자란 사람이 참으로 큰일을 했다. 많이많이 축하한다. 다음 시집에서는 한층 고양된 시 세계를 보여주리라 믿어마지 않는다.

말라는 말

2024년 10월 22일 초판 1쇄 펴냄

지은이 _ 박은정
펴낸이 _ 양문규
펴낸곳 _ 詩와에세이

신고번호 _ 제2017-000025호
주　　소 _ (30021)세종특별자치시 조치원읍 충현로 159, 상가동 107-1호
대표전화 _ (044)863-7652
팩시밀리 _ 0505-116-7653
휴대전화 _ 010-5355-7565
전자우편 _ sie2005@naver.com
공 급 처 _ 한국출판협동조합
주문전화 _ (02)716-5616
팩시밀리 _ (031)944-8234~6

ⓒ박은정, 2024
ISBN 979-11-91914-68-9 (03810)

* 지은이와 협의하여 인지는 생략합니다.
* 이 책 내용의 전부 또는 일부를 재사용하려면 반드시 지은이와
  詩와에세이 양측의 동의를 받아야 합니다.
* 책값은 뒤표지에 표시되어 있습니다.
* 이 사업은 대전광역시, (재)대전문화재단에서 사업비 일부를
  지원 받았습니다.

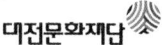